ROBINSON SUISSE

Avec gravures coloriées

par A. LINDEN.

PELLERIN & Cie
ÉDITEURS
A ÉPINAL.

(Déposé.P.V.)

ROBINSON SUISSE.

Schmidt reste seul à bord avec toute sa famille.

ROBINSON SUISSE.

La famille Schmidt, composée du père, de la mère et de quatre petits garçons, dont l'aîné comptait quatorze ans et le plus jeune six, quitta la Suisse pour aller chercher fortune en Amérique.

A peine étaient-ils arrivés dans la mer des Indes, qu'une horrible tempête assaillit le vaisseau et l'échoua entre deux rochers. L'équipage se précipita dans les chaloupes. Schmidt ne voulant pas se confier à la fureur des éléments, demeura seul à bord avec sa famille. Cette prudence le sauva, car toutes les embarcations furent englouties avec ceux qui les montaient.

Lorsque le calme fut rétabli, Schmidt construisit un bâteau avec des futailles vides qu'il scia par le milieu et qu'il relia à l'aide de fortes planches; chargeant ce bâtiment de nouvelle espèce de tous

ROBINSON SUISSE.

Ils se dirigent vers la terre qu'ils apercevaient de loin.

ROBINSON SUISSE.

les objets de première nécessité, il s'embarqua avec sa famille et se dirigea vers la terre qu'il apercevait de loin. Deux chiens, une vache, un âne, deux moutons et deux chèvres les suivaient à la nage, et les naufragés abordèrent une île inhabitée.

Après avoir remercié le ciel de leur miraculeuse délivrance, les naufragés dressèrent une tente sur le rivage, et Schmidt, en compagnie de Frédéric son fils ainé, explora cette terre hospitalière. Ils rencontrèrent partout une riche nature, des arbres gigantesques, de frais ombrages et de clairs ruisseaux.

En passant dans un bosquet, Turc, l'un des chiens, jeta le désordre dans une troupe de singes qui s'abattaient sur l'herbe; les singes se sauvèrent dans les branches, excepté une guenon que le chien étrangla; Le petit de cette femelle, trop jeune pour suivre ses compagnons, sauta sur le dos de Frédéric et se cramponna à ses cheveux bouclés; le jeune homme le caressa et ne tarda pas à l'apprivoiser.

Schmidt ayant trouvé un groupe d'arbres d'une prodigieuse grosseur et creux à l'intérieur, résolut d'y bâtir une habitation sur les branches afin de

ROBINSON SUISSE.

La famille quitte la tente pour occuper la maison aérienne.

ROBINSON SUISSE.

se mettre à l'abri de tous dangers; il pratiqua un escalier dans l'intérieur d'un arbre et bientôt la famille put quitter la tente et occuper la maison aérienne.

Schmidt, avec l'aide de Frédéric et d'Ernest, son deuxième fils, entreprirent plusieurs voyages au vaisseau qui était demeuré dans la même position.

Il recueillit une grande quantité de provisions de bouche, des armes, des barils de poudre, des vêtements, des outils et toutes sortes d'instruments utiles.

Dans un de ces voyages, ils furent attaqués par un requin. Frédéric, déjà très adroit tireur, fut assez habile pour loger une balle dans la tête du monstre. Une autre fois, le jeune homme harponna une énorme tortue de mer qui dans ses convulsions faillit renverser le bateau.

Toute la cargaison du navire fut précieusement serrée dans l'habitation aérienne et dans le creux des grands arbres qui servirent ainsi de magasins.

Le navire entièrement vidé ne pouvant plus servir qu'à dénoncer la présence des nouveaux habitants de l'île, le prudent Schmidt crut devoir

ROBINSON SUISSE.

Schmidt lui passa une corde dans les naseaux et le dompta sur l'heure.

ROBINSON SUISSE.

le faire disparaître. A marée basse, il roula un baril de poudre sous le bâtiment, y mit le feu, et bientôt il ne resta plus du navire que des débris épars.

Chaque jour le père et les enfants faisaient des excursions dans l'île et découvraient de nouvelles richesses.

Frédéric s'empara d'un flamant, grand oiseau rose aux longues jambes et à long cou; d'un jeune aigle qu'il dressa pour la chasse. — Ernest prit au gîte un jeune chacal dont il fit son chien; Jacques, l'avant dernier des enfants, trouva des pommes de terre, des cannes à sucre, des noix de coco et plusieurs autres fruits précieux.

Un matin, comme ils récoltaient la substance laiteuse de l'arbre Hévéa, connu en Europe sous le nom de caoutchouc, les chiens firent lever un troupeau de buffles ou bœufs sauvages.

Ces grands animaux chargèrent les chasseurs, mais ceux-ci les dispersèrent à coups de fusil; les chiens s'étant emparés d'un jeune buffle, Schmidt passa une corde dans les naseaux de l'animal et le dompta sur l'heure.

ROBINSON SUISSE.

Schmidt découvrit une immense grotte de sel gemme.

ROBINSON SUISSE.

Cette conquête remplaça l'âne qui s'était échappé depuis quelques jours et dont la privation se faisait vivement sentir.

L'hiver, qui dans ces parages se traduit par des pluies constantes et torrentielles, surprit les naufragés et dura quatre mois pendant lesquels ils eurent beaucoup à souffrir.

Pour se garer des averses, ils durent quitter leur séjour aérien et se loger dans le creux des arbres, pêle-mêle avec les animaux. Cette circonstance obligea le père de famille à songer à la construction d'une habitation d'hiver.

Les beaux jours revenus, il se mit en quête d'un emplacement convenable à son dessein.

Les rochers, avec leurs bases de granit lui présentant toute sécurité, il se mit à l'œuvre.

Quelle ne fut pas son étonnement et sa joie lorsqu'après avoir détaché un bloc de rocher, il découvrit une immense grotte de sel gemme. Cette grotte saine et spacieuse lui offrait un abri beaucoup plus sûr que toutes les maisons qu'il aurait pu construire.

Schmidt, ravi de sa découverte, alla chercher sa famille et lui fit admirer sa future demeure.

Schmidt, avec Fréderic et Ernest, entreprennent un voyage au vaisseau.

ROBINSON SUISSE.

Après un travail opiniâtre qui demanda toute la saison d'été, la grotte fut aménagée suivant les besoins de sa nouvelle destination et offrit toutes les commodités de la maison la mieux établie.

On y trouvait de nombreuses chambres à coucher, des salles de réunion, salons d'apparat, réfectoire, cuisine, cave, grenier, remises, écuries, magasins etc; une vaste galerie, destinée à recevoir les curiosités du pays et un belvédère servant d'observatoire, complétèrent cette demeure resplendissante comme le cristal.

Leur retraite assurée, les colons profitèrent du reste des beaux jours pour faire leurs provisions de fruits et leur récolte de froment.

Pendant que son père et ses frères travaillaient, Jacques, s'étant aventuré dans les roseaux avec son chacal, s'enfonça dans un marécage, où il aurait infailliblement péri, s'il n'avait pas eu la présence d'esprit de saisir son chacal par la queue; la bête en fuyant le tira du bourbier.

Tandis que le petit Jacques se tirait de ce mauvais pas, son père et ses frères aînés assistaient à un drame émouvant et terrible.

Ils avaient terminé la récolte de la métairie,

ROBINSON SUISSE

L'affreux reptile l'entoura de nombreux anneaux et lui broya les os.

lorsqu'ils entendirent les braîments d'un âne ; pensant que ce devait être le grison fugitif, ils se dirigèrent vers l'endroit d'où partaient les cris.

En effet, c'était bien l'animal indocile. Les jeunes gens s'apprêtaient à courir sur la bête, mais ils se reculèrent frappés d'épouvante et d'horreur ! à vingt pas, un énorme serpent boa, enroulé sur lui-même, dardait ses yeux flamboyants sur le pauvre aliboron qui tremblait de tous ses membres.

Avec la rapidité de la flèche, l'affreux reptile s'élança sur sa proie, l'entoura de nombreux anneaux et lui broya les os, tant et si bien, que l'âne ne présenta plus qu'une masse informe ; le serpent faisant alors couler sa bâve sur la victime, commença à l'avaler ; cette opération fut longue et laborieuse ; le boa rassasié tomba dans une espèce de torpeur et les colons purent le tuer à coups de hache.

Dans leurs excursions journalières les chasseurs rencontraient de nouvelles espèces de gibier telles que : antilopes, gazelles, peccaris ou cochons musqués, outardes etc. Ils surprirent un

ROBINSON SUISSE.

L'aigle fondit sur une autruche fugitive dont il arrêta la course.

ROBINSON SUISSE.

jour une bande d'autruches couchées sur le sable.

Ces énormes oiseaux, qui n'ont que des rudiments d'ailes, n'en sont pas moins très-difficiles à saisir car ils courent avec une telle rapidité qu'aucun cheval ne peut les suivre; les chasseurs espéraient pouvoir s'en approcher en se cachant derrière les buissons, mais les chiens impatients s'élancèrent à l'attaque, et les autruches détalèrent avec une rapidité vertigineuse.

Frédéric, désappointé, regretta cet incident lorsqu'une idée lui surgit: il déchaperonna son aigle, que dans ses tournées il portait toujours sur son épaule, et lui donna l'essor. L'aigle s'éleva dans les airs, tournoya et fondit sur une autruche fugitive dont il arrêta la course.

Les chasseurs accourus s'emparèrent du gros oiseau qui devint par la suite une excellente bête de somme.

Leurs chasses ne furent point toujours exemptes de périls, et plus d'une fois ils durent se mesurer avec des animaux redoutables; c'est ainsi qu'ayant pénétré dans une partie de l'île où les rochers et les lianes formaient des retraites presque inextricables, ils se trouvèrent en présence de deux ours de la plus grande espèce.

On sait que ces bêtes féroces ne reculent jamais devant le danger et qu'avec elles il faut vaincre ou périr.

Ernest, qui le premier avait aperçu les terribles solitaires, donna l'alarme; les chiens furent découplés et les chasseurs attendirent leurs ennemis, de pied ferme, le doigt sur la détente.

Lorsqu'ils arrivèrent, avides de carnage, ils furent accueillis par une décharge générale.

Leurs blessures ne firent qu'exalter leur courage; ils se dressèrent sur leurs pattes et marchèrent bravement sur les agresseurs; les chiens les attaquèrent vaillamment. Cette diversion permit aux chasseurs de recharger leurs armes et de viser avec plus de sang froid : un des ours tomba, la tête fracassée, l'autre expira, le cœur traversé par le couteau de Frédéric.

Le petit François, trop jeune encore pour suivre ses frères dans leurs dangereuses expéditions, tenait compagnie à sa mère, soit dans le château aérien, soit dans la grotte de cristal, suivant la saison. Pour occuper son temps, il

ROBINSON SUISSE.

Se dressant sur leurs pattes les ours marchent bravement sur leurs agresseurs.

se livrait au plaisir de la pêche; tantôt il rapportait de grosses écrevisses qu'il trouvait dans les ruisseaux; d'autres fois il pêchait dans la mer et prenait des poissons de toutes espèces.

Un jour, il lui advint une aventure assez comique: ayant jeté sa ligne au large, un poisson mordit à l'hameçon.

François tira de toutes ses forces; non seulement il ne put amener sa capture, mais il faillit encore être entraîné par elle. Le petit garçon, ne voulant pas lâcher prise, ni se faire pêcher, s'accrocha aux rochers et appela au secours; sa mère accourut aussitôt, et tous deux, réunissant leurs efforts, amenèrent sur le rivage un saumon deux fois plus gros que l'enfant.

Quand arriva l'époque de la moisson, les colons procédèrent à la récolte de leur blé.

Rien n'était plus facile que de couper les épis, mais faire sauter les grains de leurs alvéoles présentait de plus grandes difficultés.

Schmidt employa le moyen en usage dans des temps primitifs: il étala ses épis sur la terre durcie de manière à former un cercle

ROBINSON SUISSE.

Frédéric harponne une énorme tortue.

considérable et fit monter Ernest sur le Buffle, Jacques sur l'Onagre, espèce d'âne sauvage, capturé depuis peu, et François sur l'Autruche.

Ces cavaliers d'un nouveau genre reçurent l'ordre de courir sur les épis au grand galop de leur monture.

Les jeunes gens, enchantés de ce travail qui ressemblait si fort à une partie de plaisir, tournèrent dans le manège comme de véritables écuyers du cirque.

Frédéric, son père et sa mère retournaient les épis avec des fourches, de façon qu'en moins d'une journée, les épis furent entièrement dépouillés de leurs grains. — Il fallut également songer à récolter les produits de la métairie située à deux lieues des habitations.

Toute la famille partit de grand matin et l'on dressa la tente aux abords des plantations.

Madame Schmidt demeura sous la tente, afin de préparer le repas des travailleurs, et Ernest, le fusil armé, battit les environs qui n'étaient pas très sûrs.

Le jeune homme ne découvrit rien de suspect; malgré la monotonie de cette faction,

ROBINSON SUISSE.

Ils repoussent à coups de fusil un troupeau de chacals.

ROBINSON SUISSE.

Ernest ne s'écarta pas un seul instant de son poste.

Sa vigilance ne fut point vaine, car bientôt il entendit des cris déchirants du côté de la tente.

D'un bond il se précipita vers ces lieux et trouva sa mère aux prises avec un gorille ou homme des bois.

On sait que cet animal est celui qui se rapproche le plus de l'homme par sa forme et par ses habitudes; sa taille dépasse souvent six pieds, et sa force égale celle de huit hommes robustes.

Ernest, surexcité par le péril où se trouvait sa mère, se précipita sur le gorille, et, à bout portant, lui fit sauter la cervelle.

Les colons s'aperçurent un jour que les énormes pieux qui rendaient l'entrée de leur domaine presque inaccessible avaient été renversés.

Un seul animal était capable d'accomplir un pareil exploit: c'était l'Eléphant.

En effet, ils remarquèrent sur le sable des empreintes de ce formidable pachyderme.

Voulant se mettre à l'abri de ce dangereux

Schmidt, en compagnie de Frédéric, explore l'ile.

voisinage, les Colons se hâtèrent de construire une véritable muraille pour remplacer les pieux déracinés.

Ils travaillèrent avec tant d'ardeur qu'ils ne remarquèrent pas que, l'Eléphant n'ayant point quitté l'enceinte, ils enfermaient le loup dans la bergerie.

Les travailleurs virent arriver la bête; celle-ci, ne pouvant franchir la muraille, demeura au pied et y resta pendant deux jours, tenant ses adversaires bloqués dans leur forteresse.

Cette situation ne pouvait se prolonger, et Frédéric pour y mettre un terme recourut à la ruse.

Il offrit un baquet plein de vin empoisonné à l'éléphant, et celui-ci ne tarda pas à succomber en proie à d'horribles convulsions.

Frédéric, avec le secours de son père, construisit une de ces légères embarcations appelées Carjacs.

Il avait l'intention d'explorer les côtes de l'île qui lui étaient encore inconnues.

Dans sa première excursion, le jeune homme, remontant un cours d'eau, pénétra dans une baie

ROBINSON SUISSE.

Schmidt et Ernest aperçoivent Frédéric qui vient de tuer un énorme phoque.

délicieuse, où croissaient des plantes aquatiques, au feuillage multicolore, et où voltigeaient des oiseaux du paradis.

Ces parages enchanteurs n'étaient cependant pas le domaine exclusif de l'espèce emplumée. Frédéric remarqua de loin des quadrupèdes à têtes énormes qui se baignaient dans l'eau basse, et se prélassaient au soleil; il reconnut l'Hippopotame. — Ce Pachyderme, malgré son aspect formidable, n'est dangereux qu'autant qu'on l'attaque.

Le jeune chasseur fit aussi la rencontre d'animaux beaucoup moins inoffensifs dans la personne d'Alligators-Crocodiles géants, et il dut même jouer des rames pour échapper à la voracité de ces reptiles.

Les années s'écoulèrent.

Les Colons ayant chassé tous les ennemis qui pouvaient troubler leur sécurité, jouirent enfin de la récolte de leurs terres, du produit de leur chasse et des fruits de leurs travaux.

Les enfants étaient devenus des hommes d'un courage éprouvé et d'une vertu solide.

Le père avait pu élever ses fils, suivant les

ROBINSON SUISSE.

Frédéric remarque de loin des quadrupèdes à têtes énormes.

ROBINSON SUISSE.

principes de la pure morale, et développer leur intelligence et leurs sentiments sans craindre les mauvais exemples, qui trop souvent pervertissent les enfants des villes.

Sur ces entrefaites, un vaisseau anglais vint mouiller dans ces parages. — Le père et les fils se portèrent à sa rencontre, et firent les honneurs de leurs domaines aux officiers du bord.

Frédéric et François, désireux de courir le monde, s'embarquèrent sur le navire anglais.

Mais après dix années de voyage, ils furent trop heureux de revenir avec leurs femmes et leurs enfants, dans cette île hospitalière, où ils retrouvèrent auprès de leurs vieux parents la paix et le bonheur.

ROBINSON SUISSE.

Frédéric et François s'embarquent sur un vaisseau anglais.

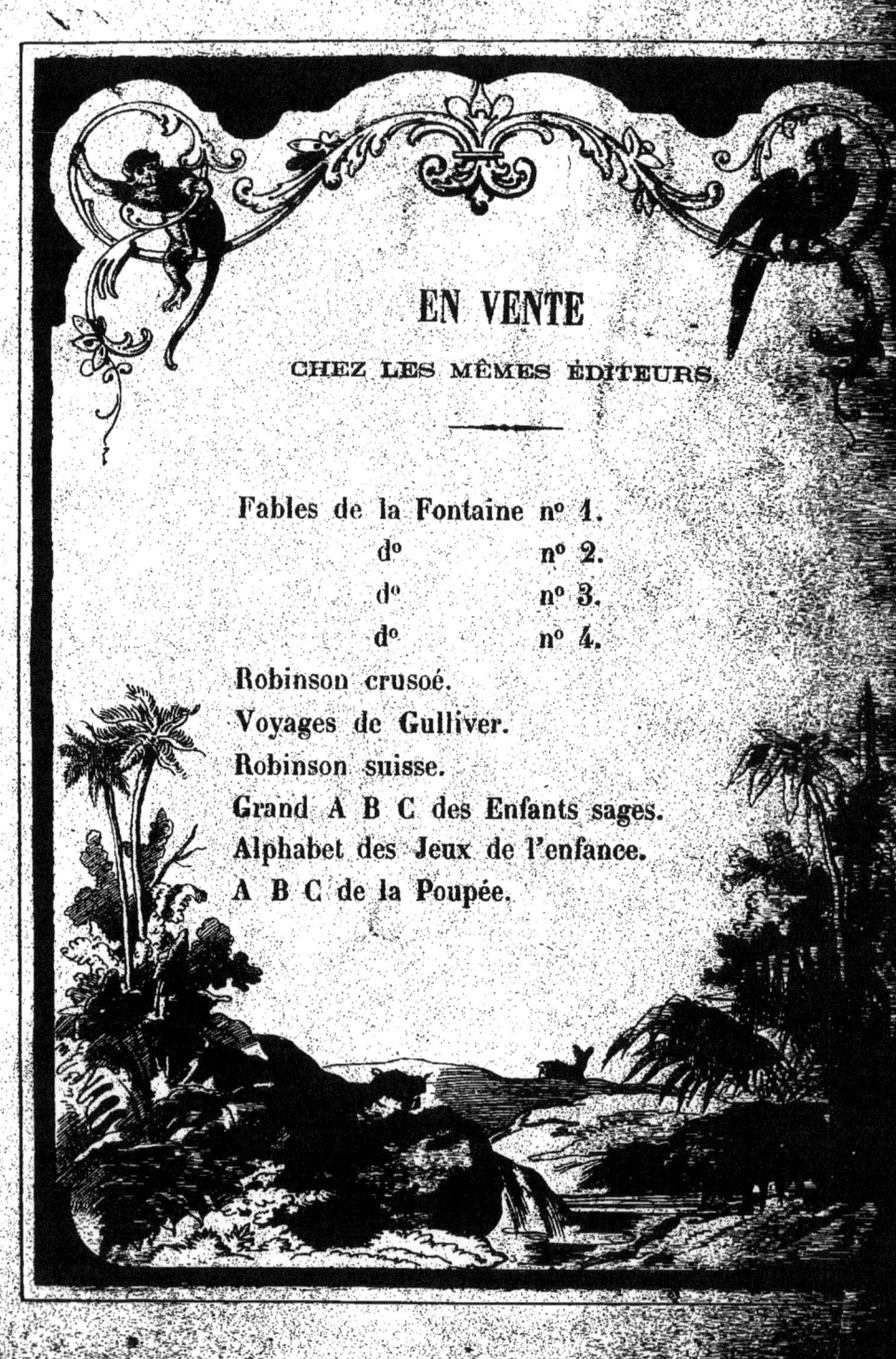

EN VENTE

CHEZ LES MÊMES ÉDITEURS.

Fables de la Fontaine n° 1.
   d°   n° 2.
   d°   n° 3.
   d°   n° 4.
Robinson crusoé.
Voyages de Gulliver.
Robinson suisse.
Grand A B C des Enfants sages.
Alphabet des Jeux de l'enfance.
A B C de la Poupée.